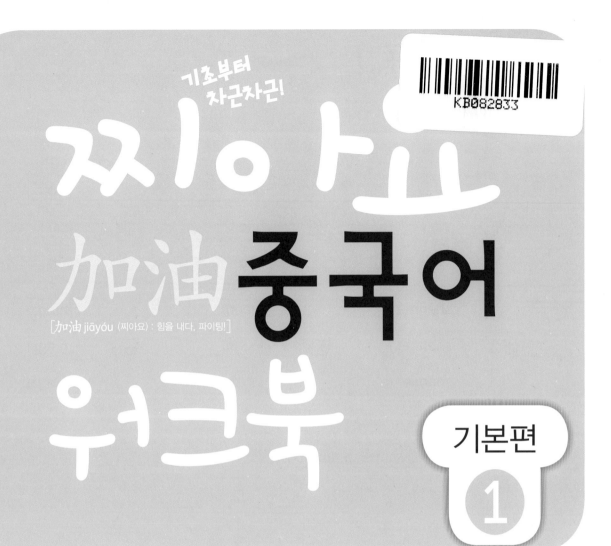

기초부터 차근차근!

찌아요

加油 중국어

[加油 jiāyóu (찌아요) : 힘을 내다. 파이팅!]

워크북

기본편

1

Tip

<간체자 쓰기 요령>

1 가로획을 먼저 쓰고, 세로 획을 나중에 씁니다. 一 ⋯ 十

2 삐침 획을 먼저 쓰고, 파임 획을 나중에 씁니다. 丿 ⋯ 八

3 위에서 아래의 순서로 씁니다. 一 ⋯ 二

4 왼쪽에서 오른쪽으로 씁니다. 丿 ⋯ 川 ⋯ 川

5 바깥에서 안쪽으로 씁니다. 丿 ⋯ 刀 ⋯ 月 ⋯ 月

6 외곽, 안쪽, 막기의 순서로 씁니다. 丨 ⋯ 冂 ⋯ 四 ⋯ 四 ⋯ 四

7 중앙을 먼저 쓰고, 양쪽을 나중에 씁니다. 丿 ⋯ 小 ⋯ 小

JPLUS
Language Publishing Co.

你好！

1 알맞은 성조를 고른 후, 큰소리로 읽어보세요.

❶ 你
- nì
- ní
- nǐ

❷ 好
- háo
- hāo
- hǎo

❸ 叫
- jiāo
- jiào
- jiǎo

❹ 什么
- shénmé
- shénme
- shènmé

❺ 老师
- lǎoshī
- lāoshí
- lǎoshí

❻ 名字
- míngzi
- mǐngzi
- mìngzi

2 밑줄을 그어 단어를 완성하고, 발음과 뜻을 쓰세요.

❶ 他 ·   · 上 _____ (   )

❷ 老 ·   · 姓 _____ (   )

❸ 贵 ·   · 们 _____ (   )

❹ 早 ·   · 家 _____ (   )

❺ 大 ·   · 师 <u>lǎoshī</u> (선생님)

3 다음 질문에 중국어로 답해보세요.

❶ 您贵姓？
Nín guì xìng?   →

❷ 你叫什么名字？
Nǐ jiào shénme míngzi?   →

2

4 대화를 완성하세요.

❶ 大家好！

 好！

❷ 您 ？

我姓李。

❸ 你 ？

我叫金美娜。

❹ 再见！

！

我
wǒ

품사 대명사　의미 나

叫
jiào

품사 동사　의미 ~라 부르다

什么
shénme

품사 대명사　의미 무엇

名字
míngzi

품사 명사　의미 이름

贵姓
guìxìng

품사 명사　의미 성씨

你们
nǐmen

품사 대명사　의미 너희들

早上
zǎoshang

품사 명사　의미 아침

晚上
wǎnshang

품사 명사　의미 저녁, 밤

老师
lǎoshī

품사 명사　의미 선생님

再见
zàijiàn

품사 동사　의미 또 뵙겠습니다

1 알맞은 성조를 고른 후, 큰소리로 읽어보세요.

❶ 不是
- bú shì
- bù shì
- bū shì

❷ 吗
- mà
- mā
- ma

❸ 中国人
- Zhòngguórèn
- Zhóngguórén
- Zhōngguórén

❹ 哪
- ná
- nǎ
- nà

❺ 英国
- Yīngguó
- Yíngguó
- Yìngguō

❻ 上班族
- shāngbānzú
- shàngbànzú
- shàngbānzū

2 밑줄을 그어 단어를 완성하고, 발음과 뜻을 쓰세요.

❶ 日 ·   · 员 _____ ( )
❷ 学 ·   · 国 _____ ( )
❸ 职 ·   · 板 _____ ( )
❹ 老 ·   · 本 _____ ( )
❺ 法 ·   · 生 xuésheng (학생)

3 다음 질문에 중국어로 답해보세요.

❶ 你是哪国人？
Nǐ shì nǎ guó rén?
→

❷ 你是学生吗？
Nǐ shì xuésheng ma?
→

4   보기와 같이 문장을 바꾸세요.

他是韩国人吗?(中国人) → 　他不是韩国人，他是中国人。
Tā shì Hánguórén ma?　　　　Tā bú shì Hánguórén, tā shì Zhōngguórén.
　　　　　　　　　　　　　그는 한국사람이 아닙니다, 그는 중국사람입니다.

❶ 你是上班族吗?(学生) →

❷ 她是职员吗？(老板) →

❸ 他是法国人吗?(英国人) →

❹ 你是英国人吗?(美国人) →

是
shì

품사 동사　의미 ~이다

不
bù

품사 부사　의미 아니다

吗
ma

품사 어기사　의미 ~입니까?

他
tā

품사 대명사　의미 그 (3인칭 남성)

哪
nǎ

품사 대명사　의미 어느 것

韩国人
Hánguórén

품사 명사 　 의미 한국인

英国人
Yīngguórén

품사 명사 　 의미 영국인

上班族
shàngbānzú

품사 명사 　 의미 직장인

职员
zhíyuán

품사 명사 　 의미 직원

老板
lǎobǎn

품사 명사 　 의미 사장

1 다음 단어의 병음과 뜻을 쓰세요.

❶ 谁   ❷ 电脑   ❸ 钱包   ❹ 爸爸   ❺ 帽子

2 관련 있는 것끼리 알맞게 연결하세요.

❶ (연필) ·	· 手机 · · qiānbǐ
❷ (휴대폰) ·	· 电视 · · shū
❸ (책) ·	· 圆珠笔 · · yuánzhūbǐ
❹ (TV) ·	· 铅笔 · · diànshì
❺ (볼펜) ·	· 书 · · shǒujī

3 보기와 같이 복수형으로 만드세요.

我 → 我们
wǒ   wǒmen
나   우리

❶ 你 → 你 ☐
당신   당신들

❷ 他 → 他 ☐
그   그들

❸ 她 → 她 ☐
그녀   그녀들

❹ 它 → 它 ☐
그것   그것들

* 它 (tā): 사람이외의 것을 나타내는 대명사

4   빈칸에 알맞은 단어를 보기에서 찾아 쓰세요.

什么   的   谁的

Q: 这是 ⬚ ？

A: 这是圆珠笔。

Q: 这是 ⬚ ？

A: 这是美娜的。

Q: 那是 ⬚ 书？

A: 那是美娜的。

小龙

Q: 那是谁的手机？

A: 那是小龙 ⬚ 。

这
zhè

품사 대명사　의미 이(것)

那
nà

품사 대명사　의미 그, 저

谁
shéi

품사 대명사　의미 누구

帽子
màozi

품사 명사　의미 모자

电脑
diànnǎo

품사 명사　의미 컴퓨터

书
shū
품사 명사　의미 책

手机
shǒujī
품사 명사　의미 휴대폰

钱包
qiánbāo
품사 명사　의미 지갑

铅笔
qiānbǐ
품사 명사　의미 연필

圆珠笔
yuánzhūbǐ
품사 명사　의미 볼펜

04 你今年多大?

1 다음 숫자의 병음을 쓰세요.

一	二	三	四	五	六	七	八	九	十
yī					liù				shí

2 다음 구구단을 보기와 같이 중국어로 옮긴 후, 큰 소리로 말해보세요.

5×6= (30) → 五六三十（ wǔ liù sānshí ）

❶ 3×9= ( ) → _____ ( )

❷ 4×4= ( ) → _____ ( )

❸ 5×5= ( ) → _____ ( )

❹ 7×7= ( ) → _____ ( )

❺ 8×4= ( ) → _____ ( )

3 다음 질문에 중국어로 답해보세요.

❶ 你今年多大？
Nǐ jīnnián duō dà?
→

❷ 你妈妈多大年纪？
Nǐ māma duō dà niánjì?
→

4   다음 그림의 상황과 적절한 대화문을 골라 연결하세요.

❶    •   • 您多大年纪? •   • 我八岁。

❷    •   • 你几岁? •   • 我今年三十岁。

❸    •   • 你今年多大? •   • 我六十八。

5   다음 병음을 중국어로 쓰고 큰 소리로 읽어보세요.

❶ Nǐ jīnnián duō dà le?   →

❷ Èrshísān suì. Nǐ ne?   →

❸ Wǒ yě èrshísān.   →

❹ Wǒmen tóngsuì.   →

今年
jīnnián

품사 명사　의미 올해, 금년

多大
duō dà

의미 얼마의

也
yě

품사 부사　의미 ~도, 역시

了
le

품사 조사　의미 문말에 쓰여 변화 또는 새로운 상황의 출현을 나타냄

呢
ne

품사 어기사　의미 ~은요?

同岁
tóngsuì

품사 명사　의미 동갑

年纪
niánjì

품사 명사　의미 나이, 연세

几
jǐ

품사 수사　의미 몇

05 你有中国朋友吗?

1 다음 중국어에 올바른 병음을 찾고 그 뜻을 써보세요.

❶ 朋友 — péngyou / pēngyǒu _____

❷ 两个 — liáng ge / liǎng ge _____

❸ 电子词典 — diànzǐ chídiǎn / diànzǐ cídiǎn _____

❹ 男朋友 — nánpéngyou / nánpángyǒu _____

❺ 女朋友 — nǔpéngyou / nǔpéngyou _____

2 다음 빈칸을 채워 병음을 완성하세요.

❶ 孩子   ❷ 词典   ❸ 帽子   ❹ 兄弟   ❺ 姐妹

__ái __i   __í __iǎn   __ào __i   __iōng __ì   __iě __èi

3 할리 가족 사진의 인물에 알맞은 단어와 병음을 연결해보세요.

爷爷   nǎinai   gēge   妹妹

奶奶   yéye   mèimei   哥哥

4 보기와 같이 문장을 바꾸세요.

> 我有男朋友。
>
> | 我 没有 男朋友。 |
> | Wǒ méiyǒu nánpéngyou. |

❶ 我有孩子。

❷ 我有妹妹。

❸ 我有姐姐。

❹ 我有哥哥。

❺ 我有弟弟。

5 다음 질문에 중국어로 답해보세요.

❶ 你有中国朋友吗？有几个中国朋友？
Nǐ yǒu Zhōngguó péngyou ma? Yǒu jǐ ge Zhōngguó péngyou?

→ _____

❷ 你有没有兄弟姐妹？
Nǐ yǒu méiyǒu xiōngdì jiěmèi?

→ _____

❸ 你有孩子吗？有几个孩子？
Nǐ yǒu háizi ma? Yǒu jǐ ge háizi?

→ _____

有
yǒu

품사 동사　의미 ~이 있다

两
liǎng

품사 수사　의미 둘

朋友
péngyou

품사 명사　의미 친구

哥哥
gēge

품사 명사　의미 오빠, 형

姐姐
jiějie

품사 명사　의미 언니, 누나

妹妹
mèimei

품사 명사 의미 여동생

弟弟
dìdi

품사 명사 의미 남동생

妈妈
māma

품사 명사 의미 엄마

词典
cídiǎn

품사 명사 의미 사전

孩子
háizi

품사 명사 의미 아이, 자녀

1   다음 단어의 병음과 뜻을 쓰세요.

  ❶ 咖啡 _____ (   )   ❷ 蛋糕 _____ (   )

  ❸ 可乐 _____ (   )   ❹ 东西 _____ (   )

  ❺ 音乐 _____ (   )   ❻ 茶 _____ (   )

  ❼ 衣服 _____ (   )

2   다음 제시된 칸에 알맞은 중국어를 쓴 후 성조를 표기하세요.

吃   ❶   ❷   ❸   ❹

먹다   사다   마시다   보다   듣다

3   그림을 보고 어울리는 동작을 찾아 연결하세요.

吃 ·

喝 ·

买 ·

· 看

· 听

4 다음 동사를 부정형과 의문형으로 바꾸세요.

부정 　 吗의문문 　 정반의문문

喝 hē → 不喝 bù hē → 喝吗? hē ma → 喝不喝? hē bu hē

❶ 吃 → [ ] → [?] → [?]

❷ 买 → [ ] → [?] → [?]

❸ 看 → [ ] → [?] → [?]

❹ 听 → [ ] → [?] → [?]

5 다음을 중국어로 옮긴 후, 큰 소리로 읽어보세요.

A: 너 뭐 마실래? → _____

B: 나 커피 마실래. → _____

A: 너 케이크 먹을래? → _____

B: 안 먹을래, 고마워! → _____

喝
hē

품사 동사　의미 마시다

茶
chá

품사 명사　의미 (마시는) 차

可乐
kělè

품사 명사　의미 콜라

米饭
mǐfàn

품사 명사　의미 쌀밥

咖啡
kāfēi

품사 명사　의미 커피

蛋糕
dàngāo

품사 명사　의미 케이크

音乐
yīnyuè

품사 명사　의미 음악

衣服
yīfu

품사 명사　의미 옷

东西
dōngxi

품사 명사　의미 물건

谢谢
xièxie

품사 동사　의미 고맙다, 감사하다

1 다음 병음의 알맞은 글자를 고르고 뜻을 쓰세요.

❶ xǐhuan
习欢 喜欢
_____

❷ jìjié
季节 几节
_____

❸ huáxuě
化学 滑雪
_____

2 다음 그림과 관계있는 내용의 문장을 골라 그 번호를 쓰세요.

❶ 我喜欢滑雪。
❷ 我很喜欢这个季节，因为我喜欢游泳。
❸ 我喜欢春天。
❹ 我很喜欢秋天。

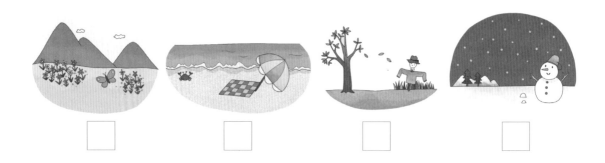

3 다음 대화문을 보고 빈칸에 들어갈 알맞은 단어를 보기에서 골라 써 넣으세요.

季节 天气

春天 冬天

因为 那

A: 你喜欢什么 ☐ ?

B: 我喜欢 ☐ 。

A: 为什么?

B: ☐ 我喜欢滑雪。

4 문장을 완성한 후, 병음과 뜻을 쓰세요.

☺ 喜欢   ☹ 不喜欢

| 秋天 | 冬天 | → |

我喜欢秋天。
Wǒ xǐhuan qiūtiān.
나는 가을을 좋아합니다.

我不喜欢冬天。
Wǒ bù xǐhuan dōngtiān.
나는 겨울을 싫어합니다.

❶ ☺ 喜欢   ☹ 不喜欢

看电影   玩游戏 →

❷ ☺ 喜欢   ☹ 不喜欢

吃中国菜   喝可乐 →

❸ ☺ 喜欢   ☹ 不喜欢

听音乐   看书 →

5 다음 질문에 중국어로 답해보세요.

❶ 你喜欢什么季节?
Nǐ xǐhuan shénme jìjié? →

❷ 你不喜欢什么季节?
Nǐ bù xǐhuan shénme jìjié? →

❸ 你喜欢吃中国菜吗?
Nǐ xǐhuan chī Zhōngguócài ma? →

玩
wán

품사 동사　의미 놀다

喜欢
xǐhuan

품사 동사　의미 좋아하다

游戏
yóuxì

품사 명사　의미 게임

电影
diànyǐng

품사 명사　의미 영화

滑雪
huáxuě

품사 동사　의미 스키를 타다

季节
jìjié

품사 명사　　의미 계절

夏天
xiàtiān

품사 명사　　의미 여름

秋天
qiūtiān

품사 명사　　의미 가을

冬天
dōngtiān

품사 명사　　의미 겨울

游泳
yóuyǒng

품사 동사　　의미 수영하다

08 天气怎么样？

1 다음 제시된 칸에 알맞은 중국어를 쓴 후, 밑줄에 병음을 쓰세요.

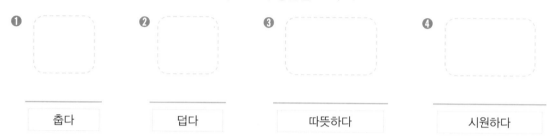

❶	❷	❸	❹
춥다	덥다	따뜻하다	시원하다

2 알맞은 것끼리 연결한 후, 밑줄에 병음을 쓰세요.

❶ 어떻습니까 •   • 什么 _____

❷ 누구 •   • 哪个   nǎge _____

❸ 어느 것 •   • 谁 _____

❹ 무엇 •   • 为什么 _____

❺ 왜 •   • 怎么样 _____

3 다음 중 한국어를 중국어로 바르게 작문한 것을 고르세요..

❶ 오늘 날씨 어때?

  a. 天气什么？

  b. 天气怎么样？

❷ 좋아, 따뜻해.

  a. 很好，很热。

  b. 很好，很暖和。

❸ 우리 공원 가자.

  a. 我们去公园吗？

  b. 我们去公园吧！

4. 한국어의 뜻에 맞게 알맞은 동사를 사용하여 문장을 완성하세요.

去网吧怎么样?
Qù wǎngbā zěnmeyàng?
PC방 가는 것 어때?

① 영화보는 거 어때?

② 빵 먹는 거 어때?

③ 커피 마시는 거 어때?

④ 음악 듣는 거 어때?

5. 다음 질문에 중국어로 답해보세요.

① 韩国天气怎么样?
Hánguó tiānqì zěnmeyàng?

② 你的老师怎么样?
Nǐ de lǎoshī zěnmeyàng?

天气
tiānqì

품사 명사　의미 날씨

热
rè

품사 형용사　의미 덥다

冷
lěng

품사 형용사　의미 춥다

凉快
liángkuai

품사 형용사　의미 서늘하다, 시원하다

暖和
nuǎnhuo

품사 형용사　의미 따뜻하다

漂亮
piàoliang

품사 형용사　의미 예쁘다

帅
shuài

품사 형용사　의미 잘생기다

高
gāo

품사 형용사　의미 높다, (키가)크다

公园
gōngyuán

품사 명사　의미 공원

哪儿
nǎr

품사 대명사　의미 어디

1 다음 빈칸을 채우세요.

그저께	어제	오늘	내일	모래
前天		今天		后天
	zuótiān		míngtiān	

재작년	작년	올해	내년	후년
				后年
		jīnnián	míngnián	

2 다음 날짜와 요일을 중국어로 쓰고 큰 소리로 읽어보세요.

❶ 5월 9일, 화요일

今天 ☐ ☐ ☐ ☐, ☐ ☐ ☐。

❷ 9월 30일, 일요일

今天 ☐ ☐ ☐ ☐, ☐ ☐ ☐。

❸

星期三	星期四	星期五	星期六	星期
3	4	5	6	7
⑩	11 오늘	12	⑬	14
17	18	19	20	21

☐ 是 10 ☐。

☐ 是 13 ☐。

3 다음 대화문을 보고 빈칸에 적당한 중국어를 써보세요.

❶ A: ?

   B: 今天星期四。

❷ A: ?

   B: 我的生日是十月五号。

4 다음 질문에 중국어로 답해보세요.

❶ 今天几月几号？   →
   Jīntiān jǐ yuè jǐ hào?

❷ 今天星期几？   →
   Jīntiān xīngqī jǐ?

❸ 你的生日是几月几号？   →
   Nǐ de shēngrì shì jǐ yuè jǐ hào?

月
yuè

품사 명사 **의미** 월

号
hào

품사 명사 **의미** 일

星期
xīngqī

품사 명사 **의미** 요일

去年
qùnián

품사 명사 **의미** 작년

前年
qiánnián

품사 명사 **의미** 재작년

今天
jīntiān
품사 명사　의미 오늘

后天
hòutiān
품사 명사　의미 모레

昨天
zuótiān
품사 명사　의미 어제

生日
shēngrì
품사 명사　의미 생일

圣诞节
Shèngdànjié
품사 명사　의미 크리스마스

10 你在哪儿?

1 빈칸에 알맞은 성조를 표기 한 후, 밑줄에 뜻을 쓰세요.

	❶	❷	❸	❹
银行	学校	图书馆	百货商店	超市
은행				

2 다음 알맞은 것끼리 연결한 후, 밑줄에 병음을 쓰세요.

❶ 위쪽 •   • 下边 _____
❷ 아래쪽 •   • 对面 _____
❸ 안쪽 •   • 里边 _____
❹ 바깥쪽 •   • 旁边 _____
❺ 맞은편 •   • 上边 shàngbian
❻ 옆쪽 •   • 外边 _____

3 다음 그림을 보고 빈칸을 채우세요.

❶ 书包在桌子 ___ 边。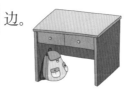

❷ 电子辞典在书包 ___ 边。

❸ 书在电脑 ___ 边。

❹ 手机在书 ___ 边。

4 다음 그림을 보고 물음에 답하세요.

❶ 美娜在哪儿？

_____

❷ 梨花在哪儿？

_____

❸ 银行在哪儿？

_____

❹ 网吧在哪儿？

_____

❺ 图书馆在哪儿？

_____

5 자연스러운 대화가 되도록 알맞은 것끼리 연결하세요.

❶ 喂，你在哪儿？ •

❷ 你的书包在哪儿？ •

❸ 学校在哪儿？ •

• 学校在超市对面。

• 我在百货商店。

• 在桌子上面。

喂
wèi / wéi
품사 감탄사　의미 여보세요

在
zài
품사 동사　의미 ~에 있다

学校
xuéxiào
품사 명사　의미 학교

图书馆
túshūguǎn
품사 명사　의미 도서관

银行
yínháng
품사 명사　의미 은행

百货商店
bǎihuò shāngdiàn

품사 명사　의미 백화점

超市
chāoshì

품사 명사　의미 슈퍼마켓

桌子
zhuōzi

품사 명사　의미 테이블, 탁자

书包
shūbāo

품사 명사　의미 책가방

旁边
pángbiān

품사 명사　의미 옆쪽

1 다음 그림을 보고 알맞은 짝을 찾아 연결하세요.

❶ ❷ ❸  ❹ ❺

电话　　传真　　手机　　身份证　　护照

shēnfènzhèng　　shǒujī　　hùzhào　　diànhuà　　chuánzhēn

2 다음 번호를 큰 소리로 읽고 병음을 써보세요.

❶ 我的手机号码是 010-9987-4538。

→ _____

❷ 他的电话号码是 031-3268-0054。

→ _____

❸ 传真号是 3322-9657。

→ _____

3 알맞은 것을 고르고, 밑줄에 문장의 뜻을 쓰세요.

❶

我们 真 常 玩儿游戏。

_____

❷

你的女朋友 真 常 漂亮!

_____

❸

我不喜欢日本菜，我不 真 常 吃。

_____

❹

颐和园 真 常 美!

_____

4 다음 질문에 중국어로 답해보세요.

❶ 你的手机号码是多少？

→

❷ 你有护照吗？你的护照号码是多少？

→

❸ 你和你的父母常联系吗？

→

零
líng

품사 수사　의미 0, 영

号码
hàomǎ

품사 명사　의미 번호

多少
duōshao

품사 대명사　의미 얼마, 몇

不错
búcuò

품사 형용사　의미 괜찮다, 좋다

联系
liánxì

품사 동사　의미 연락하다

常
cháng

품사 부사   의미 자주

真
zhēn

품사 부사   의미 정말

护照
hùzhào

품사 명사   의미 여권

电话
diànhuà

품사 명사   의미 전화

身份证
shēnfènzhèng

품사 명사   의미 신분증

你要什么？

1 다음 그림을 보고 알맞게 연결하여 하나의 단어를 완성해보세요.

❶ 　　•　　• xiāng •　　• guǒ •　　• 葡萄

❷ 　　•　　• cǎo •　　• táo •　　• 香蕉

❸ 　　•　　• píng •　　• méi •　　• 苹果

❹ 　　•　　• pú •　　• jiāo •　　• 草莓

2 다음 그림을 참고하여 대화의 빈칸에 알맞은 말을 써넣으세요.

A: 你要什么？

B: 我要 ⬚ 。

A: 你要 ⬚ ？

B: 我要三斤, ⬚ ？

A: 三斤 ⬚ 块钱。

B: ⬚ 你, 再见！

2元 / 斤

3 다음 그림을 보고 양사에 주의하여 보기와 같이 문장을 완성한 후, 큰소리로 읽어보세요.

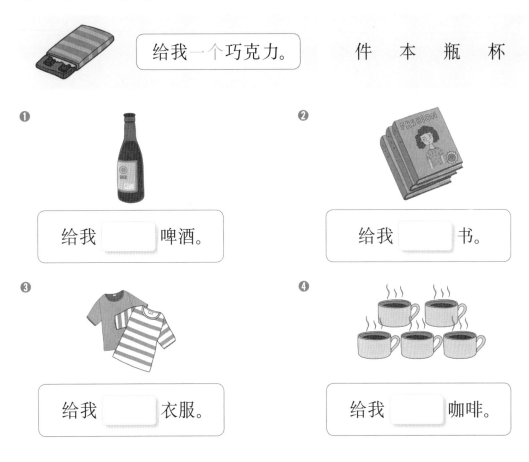

给我一个巧克力。

件　本　瓶　杯

❶ 给我 [　　] 啤酒。

❷ 给我 [　　] 书。

❸ 给我 [　　] 衣服。

❹ 给我 [　　] 咖啡。

4 다음 질문에 중국어로 답해보세요.

❶ 你喜欢什么水果？　　→

❷ 你喝啤酒吗？喝多少？　　→

要
yào

품사 동사　의미 원하다

斤
jīn

품사 양사　의미 근

给
gěi

품사 동사　의미 주다

汉堡
hànbǎo

품사 명사　의미 햄버거

啤酒
píjiǔ

품사 명사　의미 맥주

礼物
lǐwù

품사 명사　의미 선물

橘子
júzi

품사 명사　의미 귤

葡萄
pútáo

품사 명사　의미 포도

菠萝
bōluó

품사 명사　의미 파인애플

草莓
cǎoméi

품사 명사　의미 딸기

韩国菜好不好吃?

1 맛에 관한 중국어 표현을 읽고, 병음과 뜻을 쓰세요.

油腻
yóunì

기름지다

❶

淡

_____

❷

辣

_____

❸

苦

_____

❹

甜

_____

❺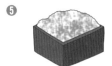

咸

_____

2 중국어로 바르게 작문한 것을 고르세요.

❶ 듣기 좋다.

a. 好听　　　　　b. 好不好　　　　　c. 好玩儿

❷ 마시기 좋은가요?((음료 등이)맛이 있나요?)

a. 好不好吃　　　　b. 好喝吗　　　　　c. 好喝

❸ 조금 매워.

a. 很甜　　　　　b. 有点儿辣　　　　c. 有点儿咸

3 다음 빈칸에 공통으로 들어갈 중국어를 쓰세요.

❶

- 中国菜   油腻。
- 咖啡   苦。

→

❷

- 韩国菜很辣,   我很喜欢。
- 我喜欢吃甜的,   妈妈不喜欢。

→

4 질문에 바르게 대답한 것을 고르세요.

❶ 韩国菜好吃吗?

     a. 我很喜欢。   b. 很好吃。

❷ 中国菜油腻不油腻?

     a. 是，中国菜。   b. 有点儿油腻。

5 다음 질문에 긍정, 부정형으로 대답하도록 빈칸을 알맞게 채워보세요.

❶ 你喜欢吃中国菜吗?

     a. 我 ☐ ☐ 吃中国菜。   b. 我 ☐ ☐ 吃中国菜。

❷ 你常吃中国菜吗?

     a. 我 ☐ 吃中国菜。   b. 我 ☐ 吃中国菜。

菜
cài

품사 명사　의미 요리

下次
xiàcì

품사 명사　의미 다음(번)

一起
yìqǐ

품사 부사　의미 함께, 같이

好吃
hǎochī

품사 형용사　의미 맛있다

甜
tián

품사 형용사　의미 (맛이) 달다

苦
kǔ

품사 형용사　의미 (맛이) 쓰다

辣
là

품사 형용사　의미 (맛이) 맵다

咸
xián

품사 형용사　의미 (맛이) 짜다

淡
dàn

품사 형용사　의미 (맛이) 싱겁다

油腻
yóunì

품사 형용사　의미 기름지다

14 周末你想做什么?

1 그림에 해당하는 바른 표기를 고르세요.

❶

a. tī zúqiú
b. dǎ zúqiú

❷

a. kàn diànyǐng
b. kàn diànshì

❸

a. chī hànbǎo
b. cī hànbǎo

❹

a. dá yǔmáoqiú
b. dǎ yǔmáoqiú

2 다음 어울리는 것끼리 연결한 후, 밑줄에 의미를 쓰세요.

❶ 喝 •　　　　　　• 羽毛球 ＿＿＿＿＿＿＿

❷ 爬 •　　　　　　• 咖啡 　커피를 마시다

❸ 逛 •　　　　　　• 足球 ＿＿＿＿＿＿＿

❹ 看 •　　　　　　• 电影 ＿＿＿＿＿＿＿

❺ 踢 •　　　　　　• 山 ＿＿＿＿＿＿＿

❻ 打 •　　　　　　• 街 ＿＿＿＿＿＿＿

3 ♥과 ★에 공통으로 들어가는 한자를 구분하여 써보세요.

❶ A: 你 ♥ 吃什么?

B: 我 ★ 饿, 你吃吧。

♥ ＿＿＿＿＿＿

❷ 我 ★ 喜欢看电视, 我 ♥ 去爬山。

★ ＿＿＿＿＿＿

4 서로 관련있는 문장끼리 연결하세요.

❶ 我去快餐厅。•   • 我看电影。

❷ 我去电影院。•   • 我学习。

❸ 我去中国。 •   • 我吃汉堡。

❹ 我去网吧。 •   • 我上网。

5 아래의 문장을 긍정 혹은 부정의 대답에서 대화가 계속 이어지도록 문장끼리 연결해보세요.

周末我想去看电影。

Yes!   No!

ⓐ 我也想去。   ⓑ 我不想去看电影。

ⓒ 那你想做什么？   ⓓ 什么时候去？

ⓔ 我想去爬山。   ⓕ 下午三点怎么样？

好，我们一起去吧。

爬山
pášhān

품사 동사　의미 등산하다

周末
zhōumò

품사 명사　의미 주말

不太
bú tài

품사 부사　의미 그다지 ~하지 않다

饿
è

품사 형용사　의미 배고프다

累
lèi

품사 형용사　의미 피곤하다

逛街
guàngjiē

품사 동사　의미 거리 구경을 하다

旅游
lǚyóu

품사 동사　의미 여행하다

打
dǎ

품사 동사　의미 (손으로) 치다

踢
tī

품사 동사　의미 (발로) 차다

足球
zúqiú

품사 명사　의미 축구

1 어울리는 것끼리 연결한 후, 밑줄에 뜻을 쓰세요.

❶  •   • 公共汽车 _____

❷  •   • 飞机 _____

❸  •   • 自行车 _____

❹  •   • 火车 _____

❺  •   • 地铁 _____

❻  •   • 摩托车 _____

2 '타다'를 뜻하는 동사와 어울리지 않는 것을 고르고 바르게 고쳐보세요.

❶ 坐飞机   ❷ 坐地铁

❸ 坐自行车   ❹ 坐火车   _____ , _____

3 다음 중 의미를 고려하여 바르게 작문한 것을 고르세요.

❶   저는 북경에 가려구요.

     a. 我喜欢去北京。   b. 我要去北京。

❷   난 중국 음식을 먹고 싶지 않아요.

     a. 我不要吃中国菜。   b. 我不想吃中国菜。

4   두 문장을 하나의 문장으로 말해보세요.

❶
我要去超市。
我要骑自行车去。

→

❷
我要去学校。
我要坐公共汽车去。

→

5   다음 질문에 중국어로 답해보세요.

❶ 你坐什么去学校(公司)？   →

❷ 暑假你要做什么？   →

❸ 今天晚上你要做什么？   →

要
yào

품사 조동사　의미 ~하려고 하다, ~할 예정이다

暑假
shǔjià

품사 명사　의미 여름방학

怎么
zěnme

품사 대명사　의미 어떻게

坐
zuò

품사 동사　의미 타다, 앉다

骑
qí

품사 동사　의미 (기마자세로) 타다

飞机
fēijī

품사 명사 의미 비행기

地铁
dìtiě

품사 명사 의미 지하철

公共汽车
gōnggòng qìchē

품사 명사 의미 버스

出租车
chūzūchē

품사 명사 의미 택시

摩托车
mótuōchē

품사 명사 의미 오토바이

16 你爱看电影吗?

1 다음 단어에 해당하는 병음과 뜻을 쓰세요.

❶ 胖 _____   ❷ 果汁 _____

❸ 同学 _____   ❹ 流行歌曲 _____

❺ 杂志 _____   ❻ 比萨 _____

2 다음 보기의 단어들을 관련 있는 것끼리 모으세요.

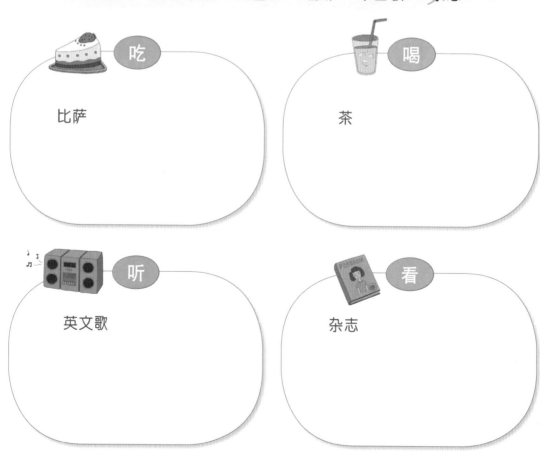

比萨　啤酒　冰淇淋　英文歌　电视　巧克力　茶
电影　流行歌曲　炸酱面　咖啡　中国歌　杂志

吃
比萨

喝
茶

听
英文歌

看
杂志

3   그림을 보고 빈칸을 채워 보기와 같이 문장을 만들고 그 뜻을 써보세요.

> 我爱听音乐。
> 나는 음악을 즐겨 듣습니다.

❶ 我 ☐ ☐ 汉堡。

_____

❷ 爸爸 ☐ ☐ 报纸。

_____

❸ 小龙 ☐ ☐ 咖啡。

_____

❹ 美娜 ☐ ☐ 电视。

_____

4   다음 대화가 자연스럽게 이어지도록 빈칸에 알맞은 단어를 써 넣으세요.

A: 你爱看电影吗？

B: 我 ☐ ☐ 爱看电影。

A: ☐ 谁 ☐ ☐ 看？

B: 常常 ☐ 朋友 ☐ ☐ 看。

5   다음 질문에 답해보세요.

❶   你爱听流行歌曲吗？   →

❷   你爱看电影吗？和谁一起看？   →

간체자 쓰기연습

爱 ài — 품사 동사/조동사 · 의미 사랑하다, ~을(를) 즐겨하다, 곧 잘 ~하다

非常 fēicháng — 품사 부사 · 의미 대단히, 굉장히

和 hé — 품사 개사 · 의미 ~와

果汁 guǒzhī — 품사 명사 · 의미 주스

杂志 zázhì — 품사 명사 · 의미 잡지

流行歌曲
liúxíng gēqǔ

품사 명사　의미 유행가

胖
pàng

품사 형용사　의미 살찌다

同学
tóngxué

품사 명사　의미 동창, 학우

冰淇淋
bīngqílín

품사 명사　의미 아이스크림

英文歌
Yīngwéngē

품사 명사　의미 팝송

1 你好! p.2~3

1. ❶ nǐ ❷ hǎo ❸ jiào ❹ shénme ❺ lǎoshī ❻ míngzi

2.
❶ 他 — 们 tāmen (그들)
❷ 老 — 师 lǎoshī (선생님)
❸ 贵 — 姓 guìxìng (성씨)
❹ 早 — 上 zǎoshang (아침)
❺ 大 — 家 dàjiā (여러분)

3. 예 ❶ 我姓裴。저는 배씨입니다.
　　Wǒ xìng Péi.
　❷ 我叫裴景珍。저는 배경진입니다.
　　Wǒ jiào Péi Jǐngzhēn.

4. ❶ 老师 ❷ 贵姓 ❸ 叫什么名字 ❹ 再见

2 你是哪国人? p.6~7

1. ❶ bú shì ❷ ma ❸ Zhōngguórén ❹ nǎ ❺ Yīngguó ❻ shàngbānzú

2.
❶ 日 — 本 Rìběn (일본)
❷ 学 — 生 xuésheng (학생)
❸ 职 — 员 zhíyuán (직원)
❹ 老 — 板 lǎobǎn (사장)
❺ 法 — 国 Fǎguó (프랑스)

3. 예 ❶ 我是韩国人。저는 한국인입니다.
　　Wǒ shì Hánguórén.
　❷ 不是，我是上班族。
　　Bú shì, wǒ shì shàngbānzú.
　　아니요, 저는 직장인입니다.

是，我是学生。네, 저는 학생입니다.
　Shì, wǒ shì xuésheng.

4. ❶ 我不是上班族，我是学生。
　　Wǒ bú shì shàngbānzú, wǒ shì xuésheng.
　　저는 직장인이 아니고, 학생입니다.
　❷ 她不是职员，她是老板。
　　Tā bú shì zhíyuán, tā shì lǎobǎn.
　　그녀는 직원이 아니고, 사장입니다.
　❸ 他不是法国人，他是英国人。
　　Tā bú shì Fǎguórén, tā shì Yīngguórén.
　　그는 프랑스인이 아니고, 영국인입니다.
　❹ 我不是英国人，我是美国人。
　　Wǒ bú shì Yīngguórén, wǒ shì Měiguórén.
　　저는 영국인이 아니고, 미국인입니다.

3 这是什么? p.10~11

1. ❶ shéi (shuí) 누구
　❷ diànnǎo 컴퓨터
　❸ qiánbāo 지갑
　❹ bàba 아빠
　❺ màozi 모자

2.
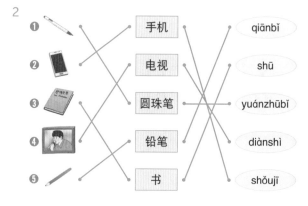
❶ — 铅笔 qiānbǐ
❷ — 手机 shǒujī
❸ — 书 shū
❹ — 电视 diànshì
❺ — 圆珠笔 yuánzhūbǐ

3. ❶ 你们 ❷ 他们 ❸ 她们 ❹ 它们

4. ❶ 什么 ❷ 谁的 ❸ 谁的 ❹ 的

4 你今年多大?
p.14~15

1 (yī)　èr　sān　sì　wǔ

(liù)　qī　bā　jiǔ　(shí)

2 ❶ 27 二十七 èrshíqī

❷ 16 十六　shíliù

❸ 25 二十五 èrshíwǔ

❹ 49 四十九 sìshíjiǔ

❺ 32 三十二 sānshí'èr

3 예 ❶ 我今年三十五岁。 저는 올해 서른 다섯 살입니다.

Wǒ jīnnián sānshíwǔ suì.

❷ 我妈妈今年五十七。

Wǒ māma jīnián wǔshíqī.

제 어머니는 올해 57이십니다.

4

❶ 您多大年纪? — 我八岁。

❷ 你几岁? — 我今年三十岁。

❸ 你今年多大? — 我六十八。

5 ❶ 你今年多大了? ❷ 二十三岁，你呢?

❸ 我也二十三。　❹ 我们同岁。

5 你有中国朋友吗?
p.18~19

1

❶ 朋友 — péngyou / pēngyǒu — 친구

❷ 两个 — liáng ge / liǎng ge — 두 개

❸ 电子词典 — diànzǐ chídiǎn / diànzǐ cídiǎn — 전자사전

❹ 男朋友 — nánpéngyou / nánpángyǒu — 남자친구

❺ 女朋友 — nǔpéngyou / nǔpéngyou — 여자친구

2 ❶ h, z　❷ c, d　❸ m, z　❹ x, d　❺ j, m

3

爷爷　奶奶　nǎinai　yéye　gēge　mèimei　妹妹　哥哥

4 ❶ 我没有孩子。

Wǒ méiyǒu háizi.

❷ 我没有妹妹。

Wǒ méiyǒu mèimei.

❸ 我没有姐姐。

Wǒ méiyǒu jiějie.

❹ 我没有哥哥。

Wǒ méiyǒu gēge.

❺ 我没有弟弟。

Wǒ méiyǒu dìdi.

5 예 ❶ 我有两个中国朋友。

Wǒ yǒu liǎng ge Zhōngguó péngyou.

저는 중국 친구 두 명이 있습니다.

我没有中国朋友。

Wǒ méiyǒu Zhōngguó péngyou.

저는 중국 친구가 없습니다.

❷ 我有两个姐姐和一个哥哥。

Wǒ yǒu liǎng ge jiějie hé yí ge gēge.

저는 언니 둘, 오빠 한 명이 있습니다.

我没有兄弟姐妹。

Wǒ méiyǒu xiōngdì jiěmèi.

저는 형제자매가 없습니다.

❸ 我有一个孩子。

Wǒ yǒu yí ge háizi.

저는 아이가 한 명 있습니다.

我没有孩子。

Wǒ méiyǒu háizi.

저는 아이가 없습니다.

6 你喝什么?
p.22~23

1 ❶ kāfēi 커피

❷ dàngāo 케이크

❸ kělè 콜라

❹ dōngxi 물건

⑤ yīnyuè 음악

⑥ chá 차

⑦ yīfu 옷

2

买	喝	看	听
ˇ	ˉ	ˋ	ˉ
사다	마시다	보다	듣다

3

吃

喝

买

看

听

4
① 吃 → 不吃 → 吃吗？ → 吃不吃？
   chī   bù chī   chī ma   chī bu chī

② 买 → 不买 → 买吗？ → 买不买？
   mǎi   bù mǎi   mǎi ma   mǎi bu mǎi

③ 看 → 不看 → 看吗？ → 看不看？
   kàn   bú kàn   kàn ma   kàn bu kàn

④ 听 → 不听 → 听吗？ → 听不听？
   tīng   bù tīng   tīng ma   tīng bu tīng

5 A: 你喝什么？
  B: 我喝咖啡。
  A: 你吃不吃蛋糕？
  B: 我不吃，谢谢！

7 你喜欢什么季节？   p.26~27

1

xǐhuan	jìjié	huáxuě
习欢 喜欢	季节 几节	化学 滑雪
좋아하다	계절	스키를 타다

2

③   ②   ④   ①

3 季节   冬天   因为

4 ① 我喜欢看电影。
   Wǒ xǐhuan kàn diànyǐng.
   나는 영화 보는 것을 좋아합니다.

   我不喜欢玩游戏。
   Wǒ bù xǐhuan wán yóuxì.
   나는 게임 하는 것을 좋아하지 않습니다.

  ② 我喜欢吃中国菜。
   Wǒ xǐhuan chī Zhōngguócài.
   나는 중국요리를 좋아합니다.

   我不喜欢喝可乐。
   Wǒ bù xǐhuan hē kělè.
   나는 콜라 마시는 것을 좋아하지 않습니다.

  ③ 我喜欢听音乐。
   Wǒ xǐhuan tīng yīnyuè.
   나는 음악 듣는 것을 좋아합니다.

   我不喜欢看书。
   Wǒ bù xǐhuan kàn shū.
   나는 책 보는 것을 좋아하지 않습니다.

5 예 ① 我喜欢秋天。
      Wǒ xǐhuan qiūtiān.
      저는 가을을 좋아합니다.

     ② 我不喜欢冬天。
      Wǒ bù xǐhuan dōngtiān.
      저는 겨울을 좋아하지 않습니다.

     ③ 我很喜欢吃中国菜。
      Wǒ hěn xǐhuan chī Zhōngguócài.
      저는 중국요리를 매우 좋아합니다.

8 天气怎么样？   p.30~31

1 ① 冷 lěng
  ② 热 rè
  ③ 暖和 nuǎnhuo
  ④ 凉快 liángkuai

2
① 어떻습니까
② 누구
③ 어느 것
④ 무엇
⑤ 왜

什么 — shénme
哪个 — nǎge
谁 — shéi
为什么 — wèishénme
怎么样 — zěnmeyàng

3 ① b ② b ③ b

4 ① 看电影怎么样？
   Kàn diànyǐng zěnmeyàng?

   ② 吃面包怎么样？
   Chī miànbāo zěnmeyàng?

   ③ 喝咖啡怎么样？
   Hē kāfēi zěnmeyàng?

   ④ 听音乐怎么样？
   Tīng yīnyuè zěnmeyàng?

5 例 ① 很好，很暖和。
   Hěn hǎo, hěn nuǎnhuo.
   좋아요, 아주 따뜻해요.

   ② 很好，很漂亮。
   Hěn hǎo, hěn piàoliang.
   좋아요, 매우 예뻐요.

9 今天星期几?
p.34~35

1

그저께	어제	오늘	내일	모래
前天	昨天	今天	明天	后天
qiántiān	zuótiān	jīntiān	míngtiān	hòutiān

재작년	작년	올해	내년	후년
前年	去年	今年	明年	后年
qiánnián	qùnián	jīnnián	míngnián	hòunián

2 ① 五月九号，星期二。
   ② 九月三十号，星期天。
   ③ 昨天, 号
   ④ 后天, 号

3 ① A: 今天星期几？
   ② A: 你的生日是几月几号？

4 例 ① 今天十一月二十六号。
   Jīntiān shíyīyuè èrshíliù hào.
   오늘은 11월 26일입니다.

   ② 今天星期一。
   Jīntiān xīngqīyī.
   오늘은 월요일입니다.

   ③ 我的生日是九月四号。
   Wǒ de shēngrì shì jiǔyuè sì hào.
   저의 생일은 9월 4일 입니다.

10 你在哪儿?
p.38~39

1

① 学校 학교
② 图书馆 도서관
③ 百货商店 백화점
④ 超市 슈퍼마켓

2
① 위쪽
② 아래쪽
③ 안쪽
④ 바깥쪽
⑤ 맞은편
⑥ 옆쪽

下边 — xiàbian
对面 — duìmiàn
里边 — lǐbian
旁边 — pángbiān
上边 — shàngbian
外边 — wàibian

3 ① 下 ② 里 ③ 旁 ④ 前

4 ① 美娜在超市。
   ② 梨花在网吧。
   ③ 银行在超市旁边。or 银行在网吧对面。
   ④ 网吧在银行对面。or 网吧在学校旁边。
   ⑤ 图书馆在学校后边。

5

① 喂, 你在哪儿?
② 你的书包在哪儿?
③ 学校在哪儿?

学校在超市对面。
我在百货商店。
在桌子上面。

11 你的手机号码是多少? p.42~43

1 ❶ ❷ ❸ ❹ ❺

电话　　传真　　手机　　身份证　　护照

shēnfènzhèng　shǒujī　hùzhào　diànhuà　chuánzhēn

2 ❶ líng yāo líng jiǔ jiǔ bā qī sì wǔ sān bā
　❷ líng sān yāo sān èr liù bā líng líng wǔ sì
　❸ sān sān èr èr jiǔ liù wǔ qī

3 ❶ 常 우리는 자주 게임을 한다.
　❷ 真 너의 여자친구 정말 예쁘구나!
　❸ 常 일본요리 안 좋아해, 자주 안 먹어.
　❹ 真 이화원은 정말 아름답구나!

4 예 ❶ 我的手机号码是13910307206。
　　　저의 핸드폰 번호는 13910307206입니다.
　　❷ 有，我的护照号码是KT1368。
　　　있습니다. 저의 여권번호는 KT1368입니다.
　　❸ 我和我的父母常联系。
　　　저는 부모님과 자주 연락을 합니다.
　　　我和我的父母不常联系。
　　　저는 부모님과 자주 연락을 못 합니다.

12 你要什么? p.46~47

1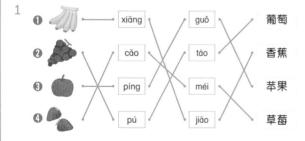
　❶ xiāng / guǒ　葡萄
　❷ cǎo / táo　香蕉
　❸ píng / méi　苹果
　❹ pú / jiāo　草莓

2 苹果 / 多少 / 多少钱 / 六 / 给

3 ❶ 一瓶　❷ 三本　❸ 两件　❹ 五杯

4 예 ❶ 我喜欢葡萄。
　　　저는 포도를 좋아합니다.
　　❷ 我喝啤酒。我喝一瓶啤酒。
　　　저는 맥주를 마십니다. 저는 맥주를 한 병 마십니다.

13 韩国菜好不好吃? p.50~51

1 ❶ dàn 싱겁다　❷ là 맵다
　❸ kǔ 쓰다　❹ tián 달다
　❺ xián 짜다

2 ❶ a　❷ b　❸ b

3 ❶ 有点儿　❷ 可是

4 ❶ b　❷ b

5 ❶ a 很喜欢, b 不喜欢
　❷ a 常, b 不常

14 周末你想做什么? p.54~55

1 ❶ a tī zúqiú　❷ a kàn diànyǐng
　❸ a chī hànbǎo　❹ b dǎ yǔmáoqiú

2
　❶ 喝　　羽毛球　배드민턴을 치다
　❷ 爬　　咖啡　커피를 마시다
　❸ 逛　　足球　축구를 하다
　❹ 看　　电影　영화를 보다
　❺ 踢　　山　등산하다
　❻ 打　　街　거리를 거닐다

3 ♥ 想　　★ 不太

4 ❶ 我去快餐厅。　　我看电影。
　❷ 我去电影院。　　我学习。
　❸ 我去中国。　　我吃汉堡。
　❹ 我去网吧。　　我上网。

5 Yes! ⓐ-ⓓ-ⓕ　　No! ⓑ-ⓒ-ⓔ

15 你要去哪儿? p.58~59

1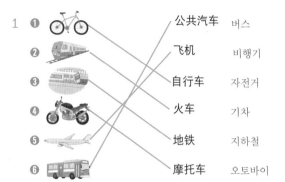

公共汽车 버스

飞机 비행기

自行车 자전거

火车 기차

地铁 지하철

摩托车 오토바이

2 ❸ 坐自行车 → 骑自行车

3 ❶ b   ❷ b

4 ❶ 我要骑自行车去超市。

  ❷ 我要坐公共汽车去学校。

5 예 ❶ 我坐地铁去学校(公司)。
       저는 학교(회사)에 지하철 타고 갑니다.

    ❷ 暑假我要去中国玩儿。
       여름방학때 저는 중국에 놀러 갈 것입니다.

    ❸ 今天晚上我要见朋友。
       오늘 저녁 저는 친구를 만날 겁니다.

16 你爱看电影吗? p.62~63

1 ❶ pàng 뚱뚱하다, 살찌다

  ❷ guǒzhī 주스

  ❸ tóngxué 학우

  ❹ liúxíng gēqǔ 유행가

  ❺ zázhì 잡지

  ❻ bǐsà 피자

2

吃
比萨 冰淇淋
巧克力 炸酱面

喝
茶
啤酒 咖啡

听
英文歌
流行歌曲 中国歌

看
杂志
电视 电影

3 ❶ 爱吃 저는 햄버거를 즐겨 먹습니다.

  ❷ 爱看 아빠는 신문을 즐겨 봅니다.

  ❸ 爱喝 샤오롱은 커피를 즐겨 마십니다.

  ❹ 爱看 미나는 텔레비전을 즐겨 봅니다.

4 非常

  和, 一起

  和, 一起

5 예 ❶ 我爱听流行歌曲。
       저는 유행가를 즐겨 듣습니다.

    ❷ 我爱看电影。和朋友一起看。
       저는 영화를 즐겨 봅니다. 친구와 함께 봅니다.

초판 2쇄	2016년 2월 25일
저자	배경진
발행인	이기선
발행처	제이플러스
주소	서울시 마포구 월드컵로 31길 62
전화	02-332-8320
등록번호	제10-1680호
등록일자	1998년 12월 9일
홈페이지	www.jplus114.com
편집	윤현정
삽화	박은미
ISBN	978-89-94632-95-7
	978-89-94632-96-4 세트

값 5,000원